De Effies

De held van het veld

AVI nieuw: M4
AVI oud: 4

Vierde druk 2008

ISBN 978 90 269 9884 3
NUR 287
© 2005 Uitgeverij Van Holkema & Warendorf,
Unieboek BV, Postbus 97, 3990 DB Houten

www.unieboek.nl
www.viviandenhollander.nl
www.saskiahalfmouw.nl

Tekst: Vivian den Hollander
Tekeningen: Saskia Halfmouw
Vormgeving: Petra Gerritsen

Vivian den Hollander

De Effies
De held van
het veld

Met illustraties van
Saskia Halfmouw

Van Holkema & Warendorf

Bas speelt bij de Effies.
Vandaag is er groot feest.
De club bestaat zestig jaar.
Bas gaat al vroeg naar het veld.
Kim gaat mee.
'Wat is er te doen?' vraagt ze.
'O, van alles,' zegt Bas.
'Je kunt spekkies happen.
En er zijn spelletjes.
Maar het leukste vind ik
dat we op het doel gaan schieten.
Er komt een bekende doelman.

Ik zal hem laten zien wat ik kan!'
Bas neemt een aanloop
en doet alsof hij een bal wegtrapt.
Toet, toet! klinkt het opeens.
Er stopt een rode sportauto.
Het raampje gaat open
en een man achter het stuur zegt:

'Weet jij waar RVC is?'
'Tuurlijk weet ik dat!' roept Bas.
'Dat is de club waar ik voetbal.
Moet u daar zijn?'

'Ja,' zegt de man.
Bas wijst naar het eind van de straat.
'Daar bij die bomen rechts.
En dan bent u er bijna.'
'Bedankt.'

De man geeft gas en rijdt weg.
Verbaasd staart Bas de auto na.
Dan mompelt hij:
'Dat is een mooi wagentje.'

Even later zijn Kim en Bas
op het veld.
Het is er al druk.
Bas ziet Koen.
Die speelt ook bij F3.
Met een bal mikt hij op blikken.
Hij gooit ze allemaal om.
'Yes!' juicht hij.
Frank doet mee met zaklopen.
En verderop staat een tent.

Op een bord bij de ingang staat:
Gratis poffertjes eten.
'Hmmm, poffertjes!'
roept Kim.
'Daar ben ik dol op.
Zullen we ze gaan
proeven?'
Bas schudt zijn hoofd.
Hij heeft iets anders ontdekt.
Het is een groot luchtkussen.
'Ik ga eerst springen,' zegt hij.
'Anders is mijn buik te vol.'

Er gaat een half uur voorbij.
Bas springt... en springt.
Zijn hoofd is knalrood.
Zijn trui hangt uit zijn broek.
En zijn haar zit in de war.

Maar hij vindt het super.
Koen en Frank zijn er ook.
'Kijk eens, Bas,' zegt Frank.
'Kun jij dit?'

Hij springt op
en maakt een salto.
'Goed gedaan!' Kim klapt luid.
'Makkie!' roept Bas gauw.
'Dat kan ik ook.'

Hij springt hoog op.
Nog veel hoger dan Frank.
Maar als hij een salto wil maken,
valt hij op zijn rug.
'Foutje,' mompelt hij snel.
Hij durft niet naar Kim te kijken.
Bah, wat een pech.
Wat zal hij doen?
Nog een keer een salto maken?
Hij is blij als Jordi eraan komt.
'Komen jullie?' roept Jordi.
'De keeper is er.
We gaan op het doel schieten.'

Bas krabbelt overeind.
'Leuk, pingels nemen!
Dat is echt iets voor mij.'
Hij trekt zijn schoenen aan
en holt met Jordi mee.

Tussen de palen wacht de keeper.
Zijn naam is Robbie.
Meteen als Bas hem ziet,
weet hij het.
Dat is de man van de sportauto!

Hij stoot Kim aan.

Zij herkent Robbie ook.

Ze zegt: 'Wat is hij groot!

Die laat vast geen bal door.

Ben jij in vorm?'

Bas knikt.

'Ik heb er zin in.

Misschien win ik de beker wel.'

'Of ik,' zegt Kim.

'Jij?'

Bas kietelt Kim in haar zij.

'Daar zou ik maar niet op rekenen.

Ik ben veel beter!'

Plagend rent hij haar na.
Dan klinkt het fluitje van
de scheids.
Het is tijd om te beginnen.

Eerst is F1 aan de beurt.
De spelers komen het veld op.
'Je weet het,' zegt de scheids.
'Wie twee keer mist, mag niet
door.'

Hij fluit.
En meteen schiet de bal weg.
Bas let goed op de doelman.
Die duikt naar links,
of springt naar rechts.
Hij plukt veel ballen uit de lucht.

Kim mompelt:
'Robbie geeft ons weinig kans.'
Maar Bas denkt:
Wacht maar tot ik mag.
Die bal van mij vliegt er zo in.

Hij strikt zijn veters strak
en trekt zijn kousen omhoog.
Hij is er klaar voor.

Na een tijdje is het zover.
F3 mag pingels nemen.
Frank neemt het eerste schot.
Hij schiet hard.
De bal komt hoog in de kruising.
De keeper kan er net niet bij.
Het publiek klapt.
En Kim roept: 'Mooi schot!'
Koen en Milan schieten ook raak.

15

Dan is Bas aan de beurt.
Rustig legt hij de bal op de stip.
Hij kijkt naar het doel.
Waar zal hij plaatsen?
Hij denkt aan zijn vader.
Die zegt altijd:

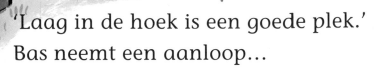

'Laag in de hoek is een goede plek.'
Bas neemt een aanloop…
Zjoefff!
De bal gaat recht door het midden,

zó in de handen van de keeper.
Bas snapt er niks van.
Hoe kan dat nou?
Hij deed zo zijn best...
Hij sjokt terug naar de lijn.
Kim heeft meer geluk.
Zij kijkt naar rechts.
En schiet de bal links in het doel.
Bas zucht.
Die Kim! Zij is echt goed!
Gelukkig heeft hij zo nog een kans.

Als alle spelers van F3 zijn geweest,
is Bas weer aan de beurt.
'Zet 'm op!' fluistert Kim.
Bas knikt.
Nerveus loopt hij naar de bal.
Nu moet hij laten zien wat hij kan.
Maar opeens lijkt het
alsof zijn benen niet meer willen.
Hij haalt uit...
De bal zweeft zacht door de lucht.
Robbie kan hem zó pakken.
Hij hoeft niet eens te duiken.

Bas slaat zijn handen
voor zijn ogen.
Wat een afgang!
Hij schoot twee keer mis!
Nu ligt hij eruit.

Treurig loopt Bas het veld af.
Wat ga je doen?' roept Kim.
'Naar de wc,' mompelt Bas.

Hij jokt.
Hij moet niet eens plassen.
Maar op het veld blijven,
lukt nu echt niet.
Hij voelt tranen in zijn ogen.
Vlug veegt hij ze weg.
Achter de kantine
klimt hij op een muurtje.
Hier kan niemand hem zien.
Sip staart Bas voor zich uit.
Waarom mislukt alles vandaag?
Eerst die salto.

Toen de pingels.
Wie zou er winnen van de Effies?
Frank misschien? Of Kim?
Zij schiet als de beste.
Maar F1 is ook erg goed.
Bas zucht diep.
Pfff, wat een pechdag.

Het liefst ging hij naar huis.
Dan denkt hij:
Nee, dat is niet sportief.
Zo doet een Effie niet.

21

Net als hij besluit terug te gaan,
komt er een man aan.
Hij draagt een vreemd mutsje.

Gaat die man ook naar het feest?
Maar hij kijkt nerveus rond.
Als hij denkt dat niemand hem ziet,
loopt hij de parkeerplaats op.

Daar gluurt hij in alle auto's.
Net of hij iets zoekt.
Bij de auto van Robbie
blijft hij lang staan.
Bas vergeet de pingels.
Hier moet hij meer van weten.
Hij sluipt achter de man aan.
Langzaam, stapje voor stapje.
Maar dan opeens...
Bas hapt naar adem.
Ziet hij dat goed?

De man haalt een kei uit de straat.
Opnieuw kijkt hij om zich heen.
Dan tikt hij vlug het ruitje van de
sportauto in.
Bas bedenkt zich geen tel.
Woedend stormt hij naar voren.
'Hé, vuile dief.
Ik bel de politie!'
De man schrikt.
Hij trekt zijn muts over zijn ogen
en rent weg.

Bas sprint naar de kantine.
Buiten adem roept hij:
'Vlug, bel de politie!
Er is een dief op de parkeerplaats.'

De politie is er snel.
Eén agent blijft bij de auto's.
De ander komt naar de kantine.
Daar moet Bas alles vertellen.
Vooral hoe de man eruitzag.
Dat is erg belangrijk.

Als hij klaar is, zegt de agent:
'Goed opgelet, zeg!'
Hij klopt Bas op zijn schouder.
'Die dief zoeken we al lang.
Hij heeft heel wat gestolen.
Maar nog niemand heeft hem
betrapt.'
Blij loopt Bas naar het veld.
Zijn slechte bui is over.
Hoe zou het met zijn vrienden gaan?
Ze zitten op het gras.
Het doelschieten is gestopt.

Toen Robbie hoorde van de dief,
is hij snel naar zijn auto gegaan.
'Hé Bas,' roept Kim.
'Heb je echt een dief gesnapt?'
Bas knikt.

Trots vertelt hij het verhaal.
'Was je niet bang?' vraagt Frank.
Bas schudt zijn hoofd.
'Daar had ik geen tijd voor.
Ik was zo boos op die man.
Weet je wel
hoe gaaf die auto van Robbie is?
Die maak je toch niet kapot!'

Dan komt Robbie er weer aan.
'Alles in orde,' hoort Bas hem
zeggen.
'Er is niets verdwenen.'

Hij gaat in het doel staan.
Het pingels nemen gaat door.
Nick uit F1 wint.
Robbie geeft hem de beker.
'Hier, deze is voor jou.
Jij bent een prima speler.'

Nick houdt trots de beker omhoog.

Alle Effies juichen.

En even denkt Bas:

Jammer dat ik niet in vorm was.

Zo'n beker had ik ook wel gewild.

Dan zegt Robbie:

'Wil Bas bij mij komen?'

'Ik?'

Verlegen stapt Bas naar voren.

Robbie laat een grote tas zien.

'Kijk eens, Bas.

Deze stond nog in mijn auto.

De dief wilde hem stelen.
Ik ben erg blij dat jij het zag.
En daarom wil ik je iets geven.'
Robbie haalt een shirt uit de tas.

Zijn naam
staat erop.
En ook zijn
nummer.
'Voor jou. Verdiend!
Jij bent echt de
held van het veld.'
Bas weet niks te zeggen.
Maar Kim roept:
'Hoera voor Bas!
Robbie heeft gelijk.
Hij is de held van het veld!'
Ze trekt hem mee
en loopt een rondje over het gras.

30

Er wordt hard geklapt.
Dan wrijft Kim over haar buik.
'En weet je wat we nu gaan doen?
We gaan poffertjes eten.
Ik rammel van de honger.'
Bas knikt. 'Goed idee.
Ik heb ook best trek.'
En samen met zijn vrienden
holt hij naar de grote tent.

Dit zijn de boeken over de Effies.
Lees ze allemaal!

AVI nieuw: M3
AVI oud: 2

AVI nieuw: E3
AVI oud: 2

AVI nieuw: E3
AVI oud: 2

AVI nieuw: M4
AVI oud: 3

AVI nieuw: M4
AVI oud: 3

AVI nieuw: M4
AVI oud: 4

AVI nieuw: M4
AVI oud: 4

AVI nieuw: E4
AVI oud: 4

AVI nieuw: E4
AVI oud: 5

www.viviandenhollander.nl
www.saskiahalfmouw.nl